I0076053

INVENTAIRE
V16.092

MÉMOIRE

SUR

LA QUESTION DES SUCRES

PRÉSENTÉ AUX DEUX CHAMBRES

PAR

LES DÉLÉGUÉS DU COMMERCE MARITIME.

PARIS

IMPRIMERIE DE E. DUVERGER,

RUE DE VERNEUIL, N° 4.

1839

V

16092

MÉMOIRE

DES DÉLÉGUÉS DU COMMERCE MARITIME

SUR

LA QUESTION DES SUCRES.

A

MESSIEURS LES PAIRS DE FRANCE ET DÉPUTÉS DES DÉPARTEMENTS.

MESSIEURS,

Dans un mémoire adressé aux Chambres le 2 janvier 1839, les délégués du commerce maritime leur ont fait connaître la détresse à laquelle un des principaux éléments de notre force nationale et de notre prospérité matérielle se trouvait réduit par suite du privilége injuste accordé jusqu'à présent au sucre indigène, malgré les réclamations incessantes de tous les intérêts engagés dans la question. La dissolution de la Chambre des Députés est venue ajourner la justice qui allait enfin nous être rendue. De nouvelles ruines, de nouveaux désastres ont été le résultat de ce nouveau retard ; un affreux tremblement de terre, en détruisant le Fort-Royal, en ébranlant toutes les usines, en portant la mort et la désolation dans le sein des familles, a comblé pour la Martinique la mesure des maux qui peuvent atteindre une population.

Tous ces faits vous sont connus, Messieurs; vous savez aussi à quelle majorité immense le Conseil supérieur du commerce, composé d'hommes appartenant à l'agriculture, au commerce, aux

I

manufactures s'est prononcé en notre faveur. La question ainsi préparée, débattue, nous paraissait suffisamment éclairée; nous avions renoncé à vous fatiguer encore par le renouvellement de nos plaintes; mais les intérêts privés, froissés par cette délibération, et qui comprennent que le jour de la justice était enfin arrivé, essaient encore d'en détourner le cours et nous forcent à rompre le silence.

MM. les fabricants de sucre de Valenciennes et environs ont fait distribuer un mémoire rempli des assertions les plus extraordinaires; ils crient à la trahison si on appelle privilégiée leur industrie qui ne paie pas de droits, tandis que les produits d'une industrie similaire, également française, sont grevés d'un impôt exorbitant; ils traitent de fausses, de mensongères les assertions des défenseurs du commerce maritime, puisées, en ce qui nous concerne du moins, aux sources les plus authentiques.

Nous ne suivrons pas nos adversaires sur ce terrain; nous nous bornerons à opposer à leurs allégations des faits officiels dont nous indiquerons la source.

Le commerce maritime a la mission élevée de défendre des intérêts qui comprennent à la fois les intérêts matériels et politiques du pays; il n'y manquera pas.

Ennemi-né de tous les priviléges, placé mieux que tout autre pour en apprécier la portée, il revendique comme un titre à la reconnaissance nationale le reproche que lui font ses adversaires [1] d'avoir combattu en 1828-29 la surtaxe exagérée imposée au sucre colonial. Les organes du commerce maritime disaient à l'administration d'alors [2] :

Par cette surtaxe excessive vous ferez développer l'industrie sur des points où elle n'est pas appelée à prospérer; vous vous préparez des ruines pour plus tard.

(1) Des colonies à sucre et des sucreries indigènes, par M. Lestiboudois, p. 154.
(2) Enquête 1828-29.

Vous faites le plus grand tort aux débouchés de nos produits agricoles et industriels en limitant notre commerce maritime aux seules colonies que nous possédons.

Vous énervez notre marine militaire, vous en arrêtez le développement.

Les mêmes raisons qui nous ont fait combattre le privilége colonial en 1828, nous les reproduisons depuis longtemps contre le sucre indigène, mais avec ce motif de plus qu'il s'agit ici de deux produits nationaux, de la violation flagrante de tous les droits acquis, de cette égalité de charges consacrée par la Charte; il s'agit de l'avenir de notre marine marchande, de notre marine militaire. Cette question a donc grandi de tout l'intervalle qui sépare une question mercantile d'une question d'Etat; oui, Messieurs, d'une question d'Etat. Nos adversaires voudraient en vain la rapetisser; l'avenir de notre marine marchande est tout entier attaché à ce que vous allez décider; c'est donc, comme nous le disait l'illustre amiral Duperré, une question de vie ou de mort pour notre marine militaire.

C'est en vain que les défenseurs du sucre indigène voudraient par des publications multipliées jeter de la confusion dans la discussion, de l'incertitude dans les esprits, et arrêter pour cette année encore l'effet de la loi. Ces manœuvres ne pourront réussir; elles ne parviendront pas à compliquer une question d'une grande simplicité malgré son importance.

Egalité entre les produits nationaux, et, dans l'intérêt du consommateur, réduction raisonnable de la surtaxe des sucres étrangers, telles sont les seules, les véritables bases de toute législation sur les sucres; hors de là il n'y a qu'arbitraire, confusion. C'est dans des circonstances de cette nature que se fait remarquer l'admirable netteté de l'administration anglaise. M. Pawlet Thomson, consulté sur la position du sucre de betteraves en Angleterre, se borne à répondre : « Tout sucre anglais doit 24 schellings au trésor, qu'il soit extrait de la canne, de l'érable, de la betterave ou de toute autre substance. » A la première apparition d'une fabrique de sucre, ce ministre a apporté la loi d'impôt au parlement qui l'a votée dans une séance.

Les efforts de nos adversaires tendent surtout à diminuer l'importance de la question des sucres sous le rapport maritime et colonial, tandis qu'ils exagèrent eux-mêmes l'influence que leur industrie exerce sur le bien-être de l'agriculture.

Suivant eux, la production du sucre n'intéresse qu'un sixième de la population blanche des colonies[1].

La navigation avec les colonies n'emploie qu'un navire sur 207 de notre navigation générale[2];

Un tonneau sur 35;

Un marin sur 72.

Suivant eux, notre commerce colonial ne représentait, de 1823 à 1832, qu'un septième de notre commerce maritime, et qu'un douzième en 1836.

La cessation du transport du sucre ne porterait pas à notre marine un coup funeste, puisqu'il n'y a, disent-ils, que 160 navires, montés par 2,240 hommes, qui y soient employés, ce qui représente le tiers de notre marine coloniale, qui n'est elle-même que le trente-cinquième de notre marine marchande.

Suivant eux enfin, notre marine militaire n'est donc pas plus intéressée que notre marine marchande à conserver le transport des sucres.

Nous allons reprendre ces objections une à une, et faire ressortir avec quelle bonne foi elles sont présentées; les Chambres apprécieront.

Les colonies renferment 7,852 établissements, parmi lesquels il n'y a que 1,318 sucreries; donc la production du sucre n'intéresse que le

(1) M. Lestiboudois, page 11; Valenciennes, 38.
(2) Valenciennes, page 11.

sixième de la population, et encore de la population blanche[1]. Voilà le raisonnement de nos adversaires ; voici la vérité.

Les colonies à sucre renferment 4,36o établissements de produits coloniaux, 3,492[2] établissements pour vivres. Ces derniers ne sont que pour les besoins des habitants ; les nègres faibles ou invalides qui ne peuvent être appliqués à la culture du sucre composent seuls ces ateliers, qui occupent 69,445 hect. et 35,675 cultivateurs.

Les 4,36o établissements de revenus se composent de :

1,318 sucreries, qui emploient .	62,090 hect.	108,870 cultiv.
2,469 cafeyeries.	13,136	22,009
332 cotonneries.	3,945	4,284
261 roucoueries, épices, etc. .	9,429	10,308
Total.	88,600 hect.	145,471 cultiv.

Les sucreries forment donc les trois quarts des revenus et non le sixième, comme l'assurent nos adversaires. On voit aussi pourquoi on a comparé le nombre plutôt que l'importance relative des établissements.

C'est ici le moment de répondre à ces reproches[3], du reste sans portée, faits aux colons, d'avoir négligé ou arraché les autres cultures, notamment celle des vivres, pour cultiver le sucre outre mesure ; quelques chiffres feront justice de cette assertion erronée. Il résulte des documents fournis par le ministère de la marine que la Martinique avait :

En 1816, 15,684 hect. en sucre et 7,645 vivres.

1835, 21,179 *Id.* 13,389 *Id.*

La Guadeloupe :

1818, 17,567 sucre 6,565 vivres.

1835, 24,809 *Id.* 13,042 *Id.*

(1) M. Lestiboudois, page 11; Valenciennes, 38.

(2) Documents fournis par le ministère de la marine.

(3) M. de Morny, page 33.

Bourbon :

En 1827, 11,805 hect. en sucre et 41,879 vivres.

1836, 14,530. *Id.* 43,014 *Id.*

A la Martinique et à la Guadeloupe le développement de la culture des vivres a dépassé en proportion celle de la canne ; si cela n'a pas été de même à Bourbon, c'est que cette île a toujours importé peu de vivres de France, vu son grand éloignement, et que de tout temps elle a pourvu à ses propres besoins.

La navigation coloniale n'emploie qu'un navire sur 207, 1 matelot sur 72 et un tonneau sur 35. Comment nos adversaires sont-ils arrivés à cet étrange résultat? en prenant le mouvement général de la navigation en France qui comprend :

1° Les navires étrangers ;

2° Le cabotage français avec l'étranger ;

3° Le grand cabotage ;

4° Le petit cabotage ;

5° La navigation des rades et rivières.

Ils obtiennent ainsi le chiffre :

158,205 navires, pour 1836, montés par 752,846 hommes et jaugeant 7,099,980 tonneaux. Ils savent bien que dans ce mouvement les navires étrangers sont compris pour 13,299 navires, montés par 120,198 hommes et jaugeant 1,459,781 tonneaux[1] ; ils savent aussi que le petit cabotage, la navigation intérieure, donnant lieu à des voyages répétés, offrent par là une importance qui n'est qu'apparente. C'est comme si on disait à Paris qu'il y a 360 bateaux à vapeur, montés par 1,800 hommes, de Paris à Saint-Cloud, parce que tous les jours il en part un monté par 5 hommes. Nos adversaires n'ignorent rien de cela, mais ils préfèrent courir la chance de paraître ridicules, plutôt que de perdre l'occasion de jeter la confusion dans les esprits.

(1) Tableau statistique extérieur.

Rétablissons la vérité.

L'inscription maritime[1], nous le dirons avec douleur, est réduite à 52,000 hommes, dont 37,000 à peine peuvent servir utilement sur la flotte et pour les armements du commerce; c'est le résultat du renouvellement des matricules fait en 1838 par M. Lemaître, capitaine de vaisseau. On en croyait le nombre de beaucoup plus élevé, mais la profession de marin offre si peu de certitude d'une occupation régulière que beaucoup se font déclasser.

La force navale d'un État est tout entière dans le nombre et l'excellence de ses marins. La marine au long cours et les pêches sont certainement les agents les plus puissants de leur formation.

En présence du décroissement de l'inscription maritime, on chercha à se créer de nouvelles ressources en matelots dans le recrutement direct par la voie du sort. Mais ces ressources, il faut bien le dire, n'ont pas répondu à ce qu'on en attendait. Les tentatives sont vaines contre la nature. Un habitant de l'intérieur transporté à vingt et un ans dans nos ports ne peut guère s'arranger d'un service si étranger à ses habitudes. Dans son rapport, présenté à la Chambre des Députés au nom de la commission chargée de l'examen de la loi sur les pêches, le 2 mars 1832, M. Beslay dit qu'après six ans, à peine ces levées fournissent-elles un sixième en marins de première classe; le ministre, dit-il, compte peu de réengagements. M. le capitaine de vaisseau Gourbeyre va plus loin encore, et, dans l'écrit qu'il a publié sous le titre de *un Mot sur la marine*, il demande comme un des moyens d'amélioration pour notre situation maritime l'exclusion des hommes de recrutement.

En 1793, suivant M. Beslay[2], la force de l'inscription maritime était de 104,752 hommes dont 69,196 officiers et matelots.

En 1832, de 83,000 hommes, dont 50,000 officiers et matelots.

(1) Un Mot sur la marine, par M. Gourbeyre, capitaine de vaisseau.
(2) Page 41.

En 1838, de 52,000 hommes dont 37,000 officiers et matelots.

Cette diminution est significative; en même temps que la production du sucre de betteraves augmentait, notre inscription maritime diminuait. Nos adversaires vont sans doute dire que la quantité de sucre colonial à transporter n'a pas diminué; mais il n'a été transporté qu'au détriment du producteur et de l'armateur. De là dégoût pour une profession qui ne laisse pas d'avenir. C'est ainsi que les jeunes gens qui voudraient embrasser la carrière maritime la quittent, avant d'avoir accompli les deux voyages nécessaires pour être admis sur les bâtiments de l'Etat.

On voit à quel point nous sommes fondés à dire que sans commerce de sucre notre marine militaire est compromise, parce que les éléments de notre force navale trouvent leurs ressources principales dans notre commerce de sucre et nos grandes pêches, dont le sort est intimement lié à celui de nos colonies.

La prime accordée à la grande pêche n'a pas eu les colonies pour but[1]; c'est uniquement la création des bons matelots. Et, à cet égard, nous allons encore citer M. Beslay. «La vérité est que pour « cette somme, dit-il, l'État dans les circonstances ordinaires « maintient en activité plus de onze mille matelots toujours à sa « disposition au besoin, et entretient la pépinière de ses hommes « de mer et la force numérique de son inscription maritime.

« Ici, Messieurs, qu'il nous soit permis de vous rappeler un cal- « cul de haute économie. Cette réserve de onze mille marins ne « coûte à l'État que 216 fr. par homme, et elle est utilisée par le « commerce dans un emploi productif qui enrichit le pays. Pour « entretenir une égale réserve sur les bâtiments de l'État et dans « un emploi improductif, il en coûterait à l'État plus de 900 fr. « par homme. »

Pour faire ressortir la supériorité des marins provenant du com-

(1) M. Lestiboudois, page 34.

merce sur ceux du recrutement[1], M. Beslay, se livre à des considérations d'une vérité frappante. « La comparaison des services du
« marin de recrutement et du marin de l'inscription maritime est
« tout à l'avantage de ce dernier, sous le rapport de la qualité, de
« la durée, de l'économie.

« Ses services sont meilleurs : l'un est marin par goût, l'autre par
« contrainte ; l'un n'arrive au service de l'Etat qu'après deux voyages
« au moins sur les bâtiments de commerce, l'autre vient de quitter sa
« charrue ; l'un, dans les équipages de commerce, toujours le moins
« nombreux possible, formé à tous les travaux, à toutes les ma-
« nœuvres, est propre à tout ; il est au besoin matelot, charpentier,
« calfat, voilier, etc. ; l'autre, dans les compagnies à terre ou dans
« un équipage nombreux des vaisseaux de l'Etat, dressé à une partie
« spéciale du service, ne peut avoir cette aptitude générale si salu-
« taire dans les grandes occasions. »

« Ses services sont plus durables : l'un est soumis à l'appel, au
« service de l'Etat, depuis dix-huit jusqu'à cinquante ans ; l'autre
« n'a qu'un service constant de sept à huit années.

« Ses services sont plus économiques : l'un a fait son éducation
« nautique aux frais du commerce ; l'autre la reçoit péniblement
« dans les compagnies à terre, provisoires, temporaires, etc. ; l'un
« n'est salarié que pendant son service, il rentre chez lui lorsqu'il
« n'est plus utile ; l'autre, utile ou non, à la mer ou à terre, est
« entretenu et soldé aux dépens du Trésor. »

Nous ajouterons que l'inscription maritime réalise, pour l'armée
de mer, ce qu'on désire avec tant de justice pour l'armée de terre,
c'est-à-dire que, hors les temps de guerre, les hommes sont
employés dans un but d'utilité générale, et malgré cela prêts à
répondre au premier appel, si la patrie court des dangers. Il y a

(1) Page 41. Rapport du 2 mars 1832.

2

cela de plus : c'est que la navigation du commerce les rend d'autant
plus propres au service auquel il sont appelés.

MM. les fabricants de sucre de Valenciennes ne sont pas de l'avis
des hommes de mer ; ils préfèrent, eux, les marins tirés du recrutement à l'intérieur, qui coûtent 900 fr. à l'État, ne se récngagent
pas, à ceux qui, naviguant dès l'âge de dix ans, ont, comme on le dit,
le cœur fait à la mer, ne coûtent que 216 fr. à l'État, sont depuis
dix-huit ans à cinquante à sa disposition. Ils les préfèrent même à
ceux que le commerce colonial emploie, et qui ne coûtent rien.

On cite un passage extrait de la *Revue des Deux-Mondes*, où la
prime individuelle d'un marin est revenue de 14 à 1,500 fr.[1]. Nous
avons des raisons pour croire que l'auteur de cette citation fait une
grande erreur, en confondant la part d'un matelot avec la prime que
paie le Gouvernement. Nous le croyons d'antant plus qu'il est question de la pêche à la baleine, ce qui, soit dit en passant, n'a rien
de commun avec celle de la morue et les colonies, et qu'à la pêche à la baleine tous les matelots sont à la part, c'est-à-dire que ce
qui leur revient dépend du bon ou mauvais succès de l'opération,
et non du plus ou du moins de prime payée par le Gouvernement.

On évalue à 13 ou 14,000 fr. l'éducation de chaque marin
fourni par la marine coloniale à notre marine militaire, parce que,
prétend-on[2], l'État dépense 5,000,000 fr. pour les colonies, et que,
sur les marins employés à cette navigation, 384 sont appelés au service militaire.

On ignore sans doute que *la totalité* des marins inscrits sur
les matricules sont aussi bien à la disposition du Gouvernement
qu'un soldat de l'armée de terre, et que tous ils sont obligés de
répondre au premier appel.

On ignore de plus que les dépenses que la France fait pour les

(1) M. Lestiboudois, page 54.
(2) M. Lestiboudois, page 52.

colonies résultent de sa souveraineté, et qu'il y a autant de justice à les imputer aux colons qu'il y en aurait à vouloir mettre à la charge des habitants de Strasbourg, ou de toute autre forteresse, les dépenses que l'État fait pour l'entretien de la forteresse et des troupes appelées à en faire le service.

Les défenseurs du sucre indigène reviennent sur les dépenses occasionnées par les colonies ; ils confondent les dépenses de souveraineté avec celles d'intérieur. Les premières sont payées par l'État, et les autres par les recettes locales ; encore faut-il bien observer que les colonies pourraient s'administrer à bien meilleur marché, mais elles sont obligées de se conformer aux exigences de la métropole.

Voici le détail de ces dépenses ; nous n'y comprenons pas la Guiane, dont la production en sucre est insignifiante et qui n'a presque pas de ressources.

Dépenses de souveraineté à la charge de l'État.

1° Martinique.	2,122,155 fr.
2° Guadeloupe.	2,262,440
3° Bourbon.	782,865
Total. . . .	5,167,420

Dépenses d'administration intérieure auxquelles il est pourvu par des taxes locales.

1° Martinique.	2,265,711 fr.
2° Guadeloupe.	2,134,527
3° Bourbon.	2,149,563
Total des dépenses et des taxes intérieures.	6,549,801

Nous retrouvons encore une preuve de l'influence que notre commerce colonial exerce sur notre marine dans l'opinion de M. le ministre des finances, qui disait le 24 mai à la tribune à l'occasion de la loi sur le sucre indigène : « Il ne faut pas se le dissimuler, l'existence de nos colonies et de notre navigation se touchent de près.

« Si nous voulons examiner la part que les colonies ont dans la na-
« vigation de la Métropole, pour les voyages au long cours, c'est-à-
« dire ceux qui forment les marins, ceux qui sont utiles à l'Etat, nous
« trouvons, et cela s'est continué sans interruption depuis 1827 jus-
« qu'à 1837, que les voyages de long cours pour nos colonies occu-
« pent près de 430 vaisseaux, montés par 6,000 marins, tandis que,
« pour les côtes d'Asie, d'Afrique et d'Amérique, il n'y en a que 360,
« montés par 5,000 marins. Ainsi vous voyez que pour les voyages
« au long cours les colonies ont la plus forte part, et il ne faut pas se
« flatter que, si la navigation coloniale venait à être supprimée, notre
« navigation française pourrait trouver un équivalent ailleurs. »

Il résulte des documents publiés par M. le ministre de la marine
que la navigation coloniale a employé en 1836 :

Martinique,	149 navires,	38,698 tonneaux,	1,963 hommes.
Guadeloupe,	185 »	48,644 »	2,447 »
Guiane,	22 »	4,843 »	278 »
Bourbon,	67 »	2,9087 »	1,085 »
	423 »	113,082 »	5,873 »

En 1837 il y eut une réduction dans la récolte des Antilles de
13,000,000 kil., soit le cinquième ; le mouvement maritime fut réduit ; mais, *avec la déduction des doubles voyages*, il fut encore de :

Martinique,	111 navires,	28,490 tonneaux,	1,441 hommes
Guadeloupe,	114 »	28,487 »	1,447 »
Guiane,	26 »	5,917 »	345 »
Bourbon,	83 »	26,006 »	1,364 »
	334 »	88,900 »	4,597 »

Le mouvement de 1837 représente une récolte de 66,555,563
kil., inférieure de plus de 13,000,000 kil. à la commune de dix ans ;
il faut donc prendre celui de 1836, qui s'élève à 79,326,022 kil.

sucre, à peu près la commune de dix années ; nous aurons alors le chiffre suivant :

1836, 423 nav. 113,082 tonn. 5,773 homm.

A déduire pour dou-
bles voyages. . . . . 55 » 12,234 » 602 »

Restent . . . . 368 » 100,848 » 5,171 »

Voilà le mouvement bien réel et direct entre la métropole et les colonies, doubles voyages déduits.

Il faut ajouter à cela :

1° La navigation coloniale ;

2° La pêche.

Dans la navigation coloniale nous négligerons le cabotage d'une île à l'autre, il restera, pour la navigation avec l'étranger :

Pour la Martinique	71 navires	4,392 tonneaux	584 hommes.
Guadeloupe	212	10,836	1,552
Guiane	9	676	68
Bourbon	77	19,541	1,128

369 navires 35,445 tonneaux 3,332 hommes.

Comme il y a des voyages répétés, nous ne porterons en compte que le quart, quoiqu'il soit au moins de demi pour Bourbon surtout ; nous aurons donc à ajouter aux 5,171 hommes, 92 navires, 8,850 tonneaux, 833 hommes.

Pêches. Les colonies ont consommé en 1837 :

6,339,800 kil. exportés directement de la côte de Terre-Neuve.
4,665,623   des ports de France.

11,005,423 kil. morue sèche.

La pêche de chaque homme à la côte en morue sèche, dans les bonnes années, est de 2,000 kil. ; elle n'est souvent que de 15 à 1,800. Les colonies sont donc encore pour 5,500 hommes dans la pêche de la morue.

Notre navigation coloniale se compose donc :

	Navires.	Tonneaux.	Hommes.
1° Navigation directe....	368	100,848	5,171
2° Navigation coloniale..	92	8,850	833
3° Navigation de la pêche [1].			5,500
	460	109,698	11,504

C'est un résultat bien différent de celui obtenu par M. Lestiboudois, de. . . . . 160 navires et 1,920 hommes.

MM. de Valenciennes. . 168   2,240

M. de Morny. . . . . . 100 et quelques, 1,500.

Comment ose-t-on avancer des faits pareils?

On trouvera de plus que, l'inscription maritime de toute la France,
étant de 37,000 hommes valides, le commerce colonial en emploie
seul environ le tiers, au lieu de 1 sur 72 signalé par les fabricants de
Valenciennes.

La commune de notre commerce général en France a été en
1836 de 1,867 millions; elle n'était que de 1,595 millions en
1835 [2], et de 1,566 millions en 1837 [3]. La commune de 10 ans,
de 1827 à 1836 est de 1,366 millions. Il est clair [4], quoique nos adversaires cherchent à s'en justifier, que c'est pour diminuer l'importance relative de notre commerce colonial, qu'ils ont pris pour
point de comparaison l'année 1836, qui diffère en plus de près de
300 millions sur 1835 et 1837, et de près de 500 millions sur la
commune des 10 ans, de 1827 à 1836.

Mais ce n'est pas tout; cette proportion d'un douzième part de

(1) Nous n'indiquons ici que le nombre des matelots employés à la pêche
destinée aux colonies, parce que l'expédition de la morue se faisant de la côte
comme des ports de France, nous ne pourrions préciser le nombre et le tonnage
des navires.

(2) État décennal.

(3) Tableau du commerce.

(4) Valenciennes, page 12.

la valeur totale de notre commerce maritime composé pour 1856
comme suit :

Commerce par navires français [1] . . . . . . 458,794,589 fr..
   Id.   étrangers. 709,601,645

   Id.   de nos colonies. 104,442,590

                                   1,272,838,804 fr.

Pour apprécier la part de notre commerce maritime, il faut déduire celle du commerce étranger par navire étranger. . . . . 709,601,645 fr.

                                   563,237,159 fr.

La totalité du commerce français, par navires français en Europe
et hors d'Europe, s'élève donc à 563,237,159 fr. et la part du commerce colonial à 104,442,590 fr.; soit près du cinquième au lieu du
douzième sur l'année 1836, et près du quart sur la moyenne des 10
années de 1827 à 1836.

Nous manquons de documents pour fixer d'une manière précise
la part du commerce maritime dans les pays hors d'Europe; mais
nous pouvons assurer sans crainte qu'elle est bien dans la proportion du tonnage, c'est-à-dire que notre commerce colonial dépasse
en tonnage, en nombre de matelots et en valeur, la totalité de
notre commerce de grande navigation hors des colonies.

L'influence du commerce colonial se fait ressentir sur le cabotage
lui-même; les expéditions se font des cinq grands ports, mais les
chargements y sont apportés de tous les points de la côte; aussi les
réclamations de cette partie de notre littoral ne sont-elles pas moins
vives que celles du grand commerce lui-même. Nous ne comprenons pas dans quel but on a avancé [2] que le cabotage a éprouvé
une forte diminution depuis que le commerce maritime a réclamé

(1) Statistique de la France.
(2) M. Lestiboudois, page 24.

l'abaissement du droit sur les houilles ; c'est un fait complétement inexact ; en voici la preuve.

Le droit sur les houilles a été diminué en 1835 ; à cette époque le tonnage général du cabotage était de [1].

	Même mer.	D'une mer dans l'autre.
1835.	1,926,463.	148,353.
1836.	2,129,864.	205,650.
1837.	2,667,859.	220,755.

Loin de diminuer, le cabotage a donc augmenté de près de 40 pour 100.

On assure que, si nos colonies ne nous fournissaient pas le sucre, elles n'en souffriraient pas plus que notre marine [2] ; les colonies produiraient les denrées tropicales que nous allons chercher ailleurs ; notre marine serait chargée de ces transports, desservis aujourd'hui par les navires étrangers.

Nous allons examiner la valeur de cette argumentation.

Les colonies françaises, protégées cependant par un droit différentiel très fort, trop fort dans l'intérêt général, produisent déjà tout ce qu'elles peuvent en denrées tropicales ; si elles ne produisent pas davantage, c'est qu'elles ne le peuvent pas. En 1836 [3], on importa des colonies françaises :

Café.	2,443,742 kilogr.
Cacao.	164,202
Cannelle.	3,179
Girofle.	229,191
Muscade.	3,201
Poivre.	30,733
	2,874,248

(1) Statistique, tableau décennal, tableau de 1837.
(2) Valenciennes, pages 38 et 49 ; M. Lestiboudois, page 90.
(3) Tableau décennal.

Voilà tout ce que nos colonies produisent en autres denrées que le sucre ; en ajoutant à cela environ 300,000 kilogr., bois divers et 599,894 kilogr. coton.

On voit à quoi serait réduit notre population coloniale si elle ne produisait pas de sucre; car si la récolte en coton n'a pas augmenté depuis que le sucre donne de si tristes résultats, c'est qu'évidemment cette culture ne peut lutter, dans nos colonies, avec celle des États-Unis. Ce n'est du reste pas dans nos colonies seulement que ce fait arrive ; presque partout ailleurs qu'aux États-Unis, la culture du coton a été rétrograde ou stationnaire, au Brésil comme en Égypte, à la Côte-Ferme comme au Bengale.

La marine nationale trouverait-elle une compensation dans le transport des denrées étrangères? nullement, parce que c'est elle qui les fait déjà tous, coton excepté.

On a consommé en 1836 :

TABLEAU DÉCENNAL.	Café.	11,170,578 kilogr.
	Cacao.	1,116,535
	Cannelle.	73,933
	Girofles.	53,360
	Muscades.	3,201
	Poivre.	1,997,488
		14,418,095 kilogr.

A déduire ce que nous avons importé de nos colonies. 2,874,248

11,543,847 kilogr.

Ainsi toutes les denrées tropicales consommées en France donnent un chiffre de 14,418,095 kilogr., dont 11,543,847 viennent de l'étranger par navires français. On voit par ce simple rapprochement toute la bonne foi qu'il y a à présenter à notre marine, comme compensation de la perte du sucre, le transport d'autres denrées dont elle est déjà chargée, et à nos colonies la production de den-

3

rées qu'elles ne sont pas appelées à produire, et qui, dans tous les cas, donnent un total de 11,543,847 kilogr., contre 80,000,000 kilogr. de sucre.

Le traité de commerce qui régit nos rapports avec les Etats-Unis assimile les bâtiments des deux nations pour le transport des denrées de leur sol et de leur industrie ; on conçoit toute la facilité qu'ont les navires américains, puisque leur chargement est chez eux, tandis que nos navires sont obligés d'aller sur l'Est courir les chances d'un bon ou mauvais fret. Cependant, depuis qu'on la réformé notre mode de jaugeage, notre navigation prend une plus grande part à ce commerce ; il y a beaucoup de bâtiments d'un fort tonnage en construction dans nos chantiers pour cette destination qui exige une construction spéciale, et, avant peu d'années, la navigation française en éprouvera un notable accroissement.

Mais quel rapport a le transport du coton avec celui du sucre? Messieurs les fabricants de Valenciennes craignent-ils de voir le nombre des marins augmenter en France, et surtout des marins qui ne coûtent rien à l'Etat?

L'exportation directe conviendrait à nos adversaires ; en effet, elle leur laisserait le champ libre. Elle ne conviendrait pas autant au Trésor [1] ; cette mesure serait funeste aux colonies, à moins qu'on ne

(1) Qui changerait un droit de 49 fr. 50 c. contre un de 16 fr. 50 c.

Nous appelons l'attention de la Chambre sur un fait que nous avons signalé dans notre mémoire du 2 janvier.

Cent kilogrammes de betteraves donnent 75 litres de jus.

L'impôt fixe un minimum de 5 kilogr. sucre pour 100 *litres de jus*, tandis que dès 1828, MM. Crespel et Blanquet annonçaient déjà un rendement de 5 kilogr. sucre par 100 kilogr. betteraves, soit 75 litres de jus, et qu'aujourd'hui ce rendement soit de 6, ainsi que M. Crespel l'a fait connaître depuis 1836.

Ce fait est important, car nous ne connaissons aucun moyen réel au Gouvernement d'obtenir plus que le minimum fixé par lui qui équivaut à 3 ¾ sucre par 100 kilogr. betteraves au lieu de 5 à 6.

les ouvrit à tout pavillon, et alors ce serait la ruine définitive de
notre marine marchande. Il ne faut pas perdre de vue que chaque
pays protége son pavillon ; le sucre importé en Hollande, en Bel-
gique paie 2 florins par 100 kilogr. de plus par navire étranger que
par navire national, ce qui fait environ 42 fr. par tonneau. Le sucre
colonial aurait toujours de l'intérêt à venir dans nos ports pour en
être réexporté par navire hollandais ; c'est bien à tort que nos adversaires ne voient d'autre dommage dans cette mesure que pour
quelques commissionnaires des ports, tandis qu'effectivement c'est
la plus funeste qu'on puisse prendre dans l'intérêt, ou de nos colonies,
ou de notre marine.

L'exportation directe est donc une mesure illusoire si elle doit
avoir lieu par navires français.

Si elle peut se faire par navires étrangers, c'est la rupture du pacte
colonial et la ruine de notre commerce maritime.

L'abaissement du rendement ne peut avoir de résultat important ; car il faudrait le descendre bien bas pour lutter avec la Hollande, qui vient d'augmenter les avantages de sa position par le
traité récemment conclu avec les douanes allemandes, au moyen
duquel les lumps hollandaises entrent en Allemagne au même droit
que le sucre brut. C'est une grande erreur de penser que réduire le rendement à 66 2/3 influerait beaucoup sur nos exportations ; nous serions toujours hors d'état de lutter avec la Hollande,
dont le rendement n'est que de 60 pour 100, et qui joint à cet
avantage celui de pouvoir user de tous les sucres bruts ou terrés,
pourvu qu'ils ne soient pas blancs. L'abaissement du rendement au
taux réel est une mesure de toute justice ; certes celui de 75 est
exagéré, nous l'avons dit de tout temps ; 67 sans papier ou 70 avec
4 pour 100 de papier, tel est le rendement véritable, nous en
avons la conviction. Mais, tout en réclamant cette mesure, nous
sommes loin de nous en exagérer la portée ; elle pourra augmenter

nos rapports avec la Suisse, avec la Méditerranée par Marseille, et nous procurer un débouché de 5 à 6 millions de kilogr.

Le commerce maritime ne demande pas de prime ; il se borne à demander justice. Il veut que tout sucre français paie le même droit ; il demande le remboursement du droit acquis à la sortie des sucres raffinés, parce que c'est une mesure qui facilitera nos rapports avec l'étranger, qui est équitable ; mais il ne veut rien de plus.

C'est ici, Messieurs, l'occasion de repousser une calomnie dirigée contre nous par nos adversaires. En parlant de leur industrie, messieurs les fabricants de sucre indigène de Valenciennes ne craignent pas de dire[1] : « Elle a le malheur de ne point appartenir, à un « degré quelconque, à MM. les négociants de quelques ports, qui « partagèrent avec les colons les 76 millions de primes accordés « de 1826 à 1832. »

Messieurs les fabricants de sucre de betteraves savent fort bien que, pour toucher la prime, il fallait, en 1826 comme à présent, exporter des raffinés ; que tout le monde avait droit à la prime en exportant des raffinés ; que les négociants des ports, pas plus que les autres, n'ont été favorisés par cette mesure ; que l'exportation, au contraire, a eu lieu, pour les 2/3 au moins, par terre. Mais ce que messieurs les fabricants de sucre ne disent pas, c'est que cette prime, à laquelle ils se prétendent étrangers, leur a profité pour les deux tiers au moins ; nous allons le prouver.

L'exportation des sucres, en vertu de la loi de juillet 1826, était limitée aux sucres français ; il est évident qu'on n'aurait rien exporté si la production n'eût dépassé nos besoins. Ces sucres français se composaient :

1° Des sucres de nos colonies ;

2° Des sucres de betteraves.

(1) Page 6. M. de Morny, page 33.

Les premiers payaient un droit ;

Les autres n'en payaient pas.

Le Trésor se trouvait donc non-seulement privé de la totalité du droit sur le sucre de betteraves ; mais celui-ci venant augmenter la production française, l'exportation des raffinés en était elle-même augmentée ; et, à la perte supportée par le Trésor par la privation du droit, venait s'ajouter le montant de la prime accordée à la sortie des sucres raffinés auxquels le sucre de betteraves s'était substitué.

Le tableau suivant, qui mettra en regard la production du sucre de betteraves et l'exportation des raffinés, le prouvera à l'évidence.

	Sucre de betteraves.		Raffiné exporté.
En 1827.	2,400,000 kilogr.[1]		4,589,498 kilogr.
1828.	2,665,000.		5,241,790
1829.	4,380,000.		6,703,091
1830.	6,000,000.		8,839,456
1831.	9,000,000.	TABLEAU DÉCENNAL.	9,983,173
1832.	12,000,000.		16,794,476
1833.	19,000,000.		10,508,547
	55,445,000 kilogr.		62,660,031 kilogr.

Il résulte de ce rapprochement que, s'il n'y avait pas eu de sucre de betteraves, il n'y aurait pas eu, ou très peu, d'exportation.

Les primes dont messieurs les fabricants de sucre indigène se montrent si fort éloignés, ne sont-ce pas eux qui en ont demandé le maintien par l'organe de M. Isoard[2], en janvier 1833 ?

Voici ce qu'il proposait :

Jusqu'au 1er janvier 1834, taux actuel ;

Et à partir de 1835, réduction graduelle jusqu'au rétablissement du simple drawback.

(1) Rapport de M. d'Argout, 6 juin 1837.

(2) Du sucre indigène, par M. Isoard.

Et plus récemment[1], ne sont-ce pas eux qui directement viennent demander un abaissement assez fort pour pouvoir lutter avec la Hollande, dont le rendement ne dépasse pas 60 à 61 ?

Les sucres français, protégés par la surtaxe imposée aux sucres étrangers, devront trouver leur emploi dans la consommation intérieure ; la véritable importance de la question du rendement est dans nos relations avec l'étranger[2]. Sous ce rapport c'est une question de la plus haute gravité ; car, dans les colonies étrangères comme dans les colonies françaises, le sucre est la base principale des affaires ; d'un autre côté le sucre raffiné forme, surtout pour la Méditerranée, le fond des cargaisons d'exportation et facilite beaucoup l'expédition des navires qui, sans cette denrée, sont très longs à charger.

Le raffinage du sucre laisse de grands avantages aux pays qui approvisionnent leurs voisins ; aussi nous voyons quels sacrifices les Hollandais, qui sont bons calculateurs, s'imposent pour arriver à ce résultat ; en Angleterre même on vient d'autoriser le raffinage pour l'exportation des sucres étrangers introduits des entrepôts d'Europe, et cependant tout le monde connaît l'absolutisme des Anglais en marine.

La question du rendement n'a jamais été bien comprise en France ; confondu avec les primes qui ont coûté tant d'argent et qui ont profité pour la plus grande partie au sucre de betteraves, le rendement a été l'objet d'une défaveur qu'il ne méritait pas. Le Trésor ne faisant que rembourser ce qu'il reçoit, le mouvement maritime, le commerce d'échange pour nos produits agricoles et industriels, la main-d'œuvre, tout est bénéfice pour le pays. Si nous ne pouvons employer le

(1) Valenciennes, page 87 ; M. de Morny, 31 ; M. Lestiboudois, 136.
(2) Le sucre étranger importé en France a été de 9,461,555 kilogr. en 1836

	10,618,467	—— 1837
	12,390,866	—— 1838

ce qui a donné lieu pour cette dernière année à un mouvement de 50 à 55 navires, montés par 7 à 800 marins.

sucre étranger, les retours de nos exportations ne peuvent avoir lieu
en France ; il en résulte des frais extraordinaires à la charge de
notre industrie ; nos navires, manquant de fret, sont obligés, ou de
perdre un temps très-long pour compléter leur chargement, ou de
prendre charge pour un port étranger, ou enfin de revenir sur lest,
chances également ruineuses pour l'armateur.

Pour se faire une idée des résultats pour le pays du raffinage pour
l'exportation du sucre étranger, il suffit de vous soumettre le
compte suivant, qui est de la dernière exactitude :

Pour 100 kilogr., fret moyen des colonies étrangères en France,
aller et retour. . . . . 12 fr.
Assurances et frais divers, hors raffinage. 8
Frais de raffinage. 18
Transport des ports à la frontière. 18
                Par terre. . . . . . 56 fr.
Et si l'exportation a lieu par mer. 46

Voilà la question du rendement réduite à sa plus simple expres-
sion ; nous avons lieu de nous étonner d'après cela que le rendement n'ait été abaissé que pour les sucres français, tandis que les véritables intérêts du pays demanderaient que cette mesure fût de
préférence appliquée aux sucres étrangers, qui créent de nouvelles
ressources tant pour la marine que pour l'échange de nos produits
agricoles et manufacturiers.

Non, encore une fois, non ; le commerce maritime n'a pas demandé
et ne demande pas de prime ; il demande que le drawback soit rétabli
sur une base équitable ; mais il demande surtout, et comme seul re-
mède à la situation, que le droit sur les deux sucres français soit
égalisé. Sans cela il n'y a que ruine pour nos colonies et notre commerce maritime.

On va jusqu'à dire que l'encombrement des sucres est douteux, et
que, dans tous les cas, il est peu considérable ; mais on ne dit pas
pourquoi.

Les sucres coloniaux, repoussés de la consommation par le sucre indigène, ont dû tomber à des prix assez bas pour pouvoir être exportés. On peut juger de cette situation quand on songe que, produits à des conditions plus désavantageuses que les sucres étrangers, ils ont été réduits à concourir avec ceux-ci, surchargés des frais d'une double navigation et d'une double échelle. L'exportation[1] qui n'était en 1834 que de :

$$
\begin{array}{lr}
\text{Sucre brut.. . . . .} & 53{,}056 \text{ kilogr.} \\
\textit{Id.} \text{ raffiné. . . . .} & 2{,}751{,}317 \\
\hline
& 2{,}804{,}373
\end{array}
$$

a atteint pour 1835. . Sucre brut. . . . 4,367,572 kilog.

Id. raffiné. . . 4,203,,679

$$\overline{8{,}571{,}251}$$

1836. . Sucre brut. . . . 5,570,000

Id. raffiné. . . 6,446,784

$$\overline{13{,}016{,}784 \text{ kilogr.}}$$

En 1837 une mauvaise récolte aux colonies réduit la quantité de sucre importé à 66,535,563, ce qui donne 13,000,000 kilogr. environ au-dessous de la moyenne de la production de 10 ans; notre exportation se réduit, pour cette année, à

Sucre brut. . . . . . 671,128 kilogr.

Id. raffiné. . . . . . 4,136,297 [2]

$$\overline{4{,}807{,}425}$$

Dès 1838[3] l'état normal des récoltes remonte le chiffre de l'exportation, qui a été :

(1) Tableau décennal.

(2) 70 kilogr. raffinés égalent 100 kilogr. sucre brut. Pour réduire la quantité de sucre exporté en l'état de raffiné à l'état brut, il faut ajouter 30 à chaque 70 kilogr. de sucre raffiné exporté.

(3) Documents fournis par la douane.

Sucre brut. . . . . 9,113,951 kilogr.
Id. raffiné. 2,689,387

11,803,338

Pour les quatre premiers mois de 1839, l'augmentation est bien plus sensible encore ; malgré l'interruption de la navigation pour le Nord, on avait déjà exporté au 30 avril dernier :

Sucre brut. . . . . . . 3,634,742 kilogr.
Id. raffiné. 2,470,725

Total pour quatre mois. 6,105,467

Il existait à l'entrepôt, au 31 décembre 1837. 17,410,174 kilogr.
1838 importés de nos colonies. 87,049,144
1839 *Id.* les quatre premiers mois. . 24,042,848

Total. 128,502,166

Il est sorti :

1838 acquittés. . . 67,974,036 kilogr.
        exportés. . . 11,803,338
1839 quatre premiers mois:
    acquittés. . . 17,993,763 kilogr.
    exportés. . . 6,105,467

103,876,604   103,876,604

Au 30 avril. 24,625,562[1]

Ainsi, malgré une exportation énorme, il restait au 30 avril 1839 dans les entrepôts 24,625,562 kilogr. , c'est-à-dire 7,215,388 de plus qu'au 31 décembre 1837. Comment après cela oser attribuer la baisse aux plaintes des colons plutôt qu'au défaut de débouchés?

(1) Nous différons avec le chiffre d'entrepôt indiqué dans l'exposé des motifs, qui est de 19,210,850; mais il faut observer que ce chiffre n'est que pour fin mars, tandis que nos renseignements vont fin avril; ils sont officiels; nous les devons à l'obligeance de M. le directeur des douanes.

4

N'est-ce pas ajouter la dérision à une situation malheureuse? Ne sait-on pas que la baisse énorme des sucres est due exclusivement à la production du sucre de betteraves? Si on en doutait, il suffirait pour s'en convaincre de suivre le développement des deux sucres.

	Sucre de cannes ¹.	Sucre de betteraves.
1828	78,474,978	2,665,000
1829	80,996,914	4,380,000
1830	78,675,558	6,000,000
1831	87,882,404	9,000,000
1832	77,307,799	12,000,000
1833	75,597,243	19,000,000
1834	83,049,141	26,000,000
1835	84,249,890	38,000,000
1836	79,495,152	49,000,000
1837	66,535,563	55,000,000
1838	87,049,144	55,000,000

On voit quel rapide développement a pris le sucre de betteraves à l'abri du droit ; certes il ne peut pas se plaindre : on a usé envers lui d'une longanimité sans exemple. Prévenu, à l'enquête de 1828-29, par M. Humann comme rapporteur du budget de 1831, le sucre de betteraves le fut encore par M. d'Argout, qui en 1832 proposait formellement l'impôt en ajoutant : « Quant à cette autre prime de « 49 fr. 50 c., dont les sucres indigènes jouissent à l'égard des sucres « coloniaux, les fabricants savent bien qu'elle diminuera progressi-« vement jusqu'à ce qu'il ne leur reste plus que les frais extraordi-« naires dont les sucres coloniaux ne parviendront jamais à se dégager.»

Peut-on rien dire de plus clair? Et c'est cependant de ce mo-ment-là que la fabrication s'est élevée de 19,000,000 kilogr. à 55,000,000 de kilogr. Que répondaient nos adversaires à l'enquête

(1) Tableaux décennaux ; d'Argout, Chambre des Pairs, rapport du 6 juin 1837.

de 1828-29, aux questions qui leur furent adressées relativement à l'impôt? Laissons-les parler eux-mêmes.

D. Pensez-vous que cette industrie puisse se perfectionner au point qu'à une certaine époque les sucres de bettraves, assujettis au même droit que les sucres coloniaux, puissent se vendre en concurrence avec eux?

M. Blanquet : « Il est difficile de répondre d'une manière précise [1], « parce qu'il est impossible d'assigner la limite des perfectionne-« ments dont la fabrication du sucre de betteraves est susceptible. « Cependant, comme, d'après *mes calculs et mes prévisions,* le sucre « de betteraves, dans peu d'années, *pourra se produire à* 60 *c. le ki-* « *logr.,* la solution de la question dépendra du prix exact auquel « les colonies pourront fournir le sucre en France. »

M. Crespel-Dellisse, président actuel de la commission centrale des fabricants de sucre indigène, était encore plus explicite.

« Si la fabrication du sucre indigène continue à recevoir du tarif [2] « du sucre de cannes la même protection qu'elle en a reçue jusqu'à « présent, j'ai la *certitude* qu'avant dix ans elle pourra suffire à la « consommation de la France, et *que les produits pourront entrer en* « *concurrence à conditions égales avec ceux des sucreries coloniales.* »

Que manque-t-il à ces déclarations? M. Blanquet, président du comité de Valenciennes, d'où émane le mémoire auquel nous répondons; M. Crespel-Dellisse, président du comité central des fabricants de sucre indigène, nieront-ils leurs dépositions?

Désespérant de diminuer à vos yeux l'importance de la question des sucres exotiques, nos adversaires se rattachent à l'agriculture. « Nous sommes agriculteurs [3], s'écrient-ils; à nous les charges, à

(1) Enquête, page 139.
(2) *Id.*, page 176.
(3) Valenciennes, pag. 2 et 3.

4.

nous l'impôt sur le sel, à nous l'entretien des routes vicinales, la gêne résultant de la non-conversion des rentes! » Que répondre à de pareilles choses!

Qu'a de commun l'impôt sur le sel avec le sucre indigène, si ce n'est que le sucre indigène, privant le Trésor de son revenu, empêche le dégrèvement du sel? Quel est le pays qui souffre le plus de l'impôt sur le sel? sont-ce les départements du Nord, qui élèvent peu de bestiaux, ou ceux de la Normandie, de la Bretagne, de la Vendée, du Poitou, de l'Alsace? Le commerce, les départements où l'on ne fait pas de sucre indigène, ne souffrent-ils donc pas autant de la non-réduction des rentes que messieurs les fabricants de sucre indigène?

La culture de la betterave peut avoir lieu dans toute la France, mais non la fabrication du sucre indigène; la betterave appliquée à des emplois agricoles n'a rien de commun avec celle destinée à la fabrication du sucre: l'une sert aux assolements; l'autre, obligée qu'elle est d'être produite à portée des fabriques, ne peut y concourir. Nous nous appuierons à cette occasion du discours de M. le ministre des finances, que nous avons déjà cité. « Je sais bien « que l'on dit, et l'on a raison en quelques points, dit M. le Ministre, « mais pas complétement, je sais que l'on dit : « Il ne faut pas seu-« lement compter les terres cultivées; il y a des assolements qui « font profiter du bienfait une quantité de terres beaucoup plus « considérable que celle qui est en culture.

« Voilà, Messieurs, un avantage que je reconnais dans toute son « étendue à l'égard de la betterave destinée à la nourriture des « bestiaux.

« Quant à la betterave destinée à la fabrication du sucre, je dis « que cet avantage s'atténue beaucoup, et qu'il doit même dispa-« raître entièrement; je dis que, lorsqu'un fabricant de sucre veut « faire des bénéfices avec la culture de la betterave, il est condamné « à *supprimer* les assolements. »

Monsieur le ministre fait connaître ensuite la déclaration de M. Crespel : « que la répétition de la betterave sur le même sol né « l'épuise pas. Depuis dix ans il cultive le même sol et n'a remarqué « aucune diminution, quoiqu'il ne fume que tous les trois ans ; que « l'intérêt manufacturier doit préférer la répétition de la betterave « sur le même sol comme plus à sa portée. »

Un autre, M. le marquis d'Argens, qui avait établi sa fabrique dans une vue d'intérêt agricole, déclare qu'il a été, *comme la plupart* de ses collègues, obligé de renoncer aux assolements pour ne pas se ruiner.

Après avoir démontré combien avaient été déçues toutes les espérances que la production du sucre indigène avait fait concevoir sur l'élévation du produit des taxes, M. d'Argout, dans son rapport du 6 juin 1837, ajoute : « Les avantages annoncés relativement à « l'augmentation des consommations ne se sont donc point réalisés; « ceux que l'agriculture a obtenus sont-ils plus manifestes ?

« D'abord on a fait observer que les cultures ne s'étaient pas éten- « dues sur une masse plus considérable de terrains ; il y a eu sub- « stitution et non augmentation dans les produits agricoles. Or, les « terrains aujourd'hui plantés en betteraves étaient précédemment « consacrés aux plus riches cultures ; quel serait l'avantage de cette « substitution si la législation sur les sucres n'assurait aux nouveaux « producteurs une prime d'environ 1,000 fr. par hectare ?

« La culture de la betterave devait aussi étendre les assolements; « le contraire a eu lieu dans les départements du Nord et partie du « Pas-de-Calais. Les anciennes rotations ont été restreintes ou sup- « primées. M. Crespel lui-même a déclaré que certains terrains ont « été plantés en betteraves depuis dix ans ; l'utilité d'économiser « les transports et d'abréger les distances l'a emporté sur la régula- « rité des assolements. »

Que deviennent, d'après cela, les raisonnements de nos adversaires sur les assolements? Les fabricants de Valenciennes[1] se contentent de l'assolement triennal; d'autres[2] se prétendent très modérés s'ils se bornent à l'assolement quadriennal; il pourrait être, dit-on, quinquennal; on ajoute même que dans la ferme-modèle de Grignon l'assolement est de huit ans. Soit! Nous nous permettrons toutefois de donner un conseil dans cette circonstance : c'est de faire construire une fabrique auprès de chaque division de terrain par assolement, car sans cela les betteraves pourraient rentrer un peu cher. Nous nous en rapportons à M. Lemaire[3], fabricant du Cher, qui a déclaré à la commission que, pour avoir voulu faire des assolements, il a dû payer 64,000 fr. de transport pour 6,000,000 de betteraves! ce qui fait 10 fr. 60 c. par mille, soit 130 p. 0/0 de la valeur de la betterave!!

Nos adversaires, qui bornent au 1/6 de la population blanche celle qui est intéressée à la production de 80,000,000 kilogr. de sucre, devaient nécessairement trouver que la production du sucre indigène intéressait une grande partie de la France; ils n'y ont pas manqué. Ils prétendent[4] que leur industrie représente 44 départements, 21 millions d'hectares et 13 millions d'habitants.

Ce qu'ils ne disent pas, c'est la proportion d'intérêt que chaque département a à cette fabrication.

Nous voyons dans le tableau, des fabriques existantes en France, que sur 585 fabriques en 1837 :

le département du Nord en a 226
— du Pas-de-Calais 138
— de la Somme. 51
— de l'Aisne. 44

(1) Valenciennes, page 27.
(2) M. Lestiboudois.
(3) Moniteur, 24 mai 1837.
(4) Page 55.

le département de l'Oise. 12
— de l'Isère. 12
— de Seine-et-Oise. 7
— de la Seine. 6
Côte-d'Or, Meurthe, Puy-de-Dôme, Haute-Saône, Seine-
et-Marne, chacun. 5
Cher, Loiret, Bas-Rhin, Seine-Inférieure, Vaucluse, chac. , .4
26 départements, ensemble. 80
42 départements pas une.

Dans la région du Nord il y a une nouvelle concentration; le département du Nord représente seul près de la moitié en nombre, et vu l'importance de ses établissements, plus de la moitié de la production totale de la France. Dans le département du Nord il y a nouveau classement, puisque les arrondissements de Lille et Valenciennes possèdent eux seuls les 2/3 ou les 3/4 des établissements du département. Avions-nous tort de dire que le sucre indigène deviendrait une question de département, presque d'arrondissement?

Comment cela pourrait-il être autrement? N'est-il pas nécessaire que cette industrie se concentre dans les départements qui réunissent la fertilité des terres, le bon marché de combustible, le prix modéré des transports? C'est en effet une question de vie ou de mort. Il faut 5 hectol. de charbon pour faire 100 kilogr. de sucre; à Valenciennes l'hectolitre vaut 1 fr. 50 c., à Paris il vaut 4 fr. 50 c.! Qui résisterait à de pareilles différences? L'industrie du sucre indigène se concentrera toujours vers le Nord. La question des assolements ne l'embarrasse pas, nous l'avons vu; libre dans ses allures, elle finira par s'y réunir, car aucune partie ne possède au même point que le département du Nord les conditions d'où dépend le succès de ces établissements.

On peut s'en assurer par la progression qu'a suivie le développement des sucreries indigènes dans les quatre départements où cette industrie a fait le plus de progrès.

En 1828 le département du Nord avait. . . . . 11 fabriques.
— 1837 . . — . . — 226
— 1828 . . — . du Pas-de-Calais. . . 16
— 1837 . . — . . . . — . . . 138
— 1828 . . — . de l'Aisne. 6
— 1837 . . — . . . — 44
— 1828 . . — . de la Somme. . . . 10
— 1837 . . — . . . — 51

Mais il s'en faut qu'il y ait unité dans les départements privilégiés sur l'influence qu'exerce l'industrie du sucre indigène sur le bien-être des populations. Dans le département du Nord lui-même, il y a eu d'énergiques réclamations faites par diverses industries, par l'agriculture même, par le commerce de Dunkerque. Dans ce dernier arrondissement, sur 31 baux renouvelés, 4 seulement autorisent la culture de la betterave, et encore à raison de 3 hectares sur 100. La fabrication du sucre indigène n'a pas même eu d'influence sur le mouvement des impôts, sur les indications les plus réelles, les plus simples d'une marche prospère. C'est en vain que messieurs les fa-bricants de Valenciennes[1] voudront détruire les faits officiels et d'ensemble par quelques faits isolés; il n'en restera pas moins comme une vérité incontestable ce que disait M. d'Argout le 6 juin 1837 : « Combien de fois n'a-t-on pas répété, dit M. d'Argout, « que la présence de cette industrie accroîtrait les populations, amé-« liorerait leur sort; que toutes les consommations augmenteraient, « et avec elles les produits des impôts perçus sur ces mêmes con-« sommations? dédommagement formellement promis au Trésor en « compensation du détriment que lui occasionne la réduction pro-« gressive du produit du droit sur les sucres coloniaux.

« La population n'a pas suivi le même développement que dans « les autres parties du royaume; les droits d'enregistrement, qui ont

(1) Page 31.

« été 20 1/6 plus élevés en commune, n'ont atteint que 16 1/4 dans les
« cinq départements du Nord, tandis que les Ardennes, les Bouches-
« du-Rhône, la Côte-d'Or, les Landes, le Haut-Rhin, ont donné des
« augmentations de 50, 53, 36, 46 et 54 pour 100, etc., etc. »

Les fabricants de sucre de Valenciennes parlent du prix élevé auquel ont été portées leurs terres, qui sont montées de 3 à 6,000 fr.
« Que sera-ce[1], s'écrient-ils, dans le pays où la terre ne vaut encore
que 1,000 fr., lorsque la betterave aura passé par là ! »

Oui, mais à condition qu'on y fera passer des mines de charbon, des canaux et des consommateurs de sucre. D'ailleurs les
ruines sont déjà là pour constater ce qui arrivera à toute exploitation
qui voudra se placer hors de la zone favorisée.

Si on trouve que la culture de la betterave soit à ce point importante qu'on dût la favoriser par une prime d'encouragement, alors
il faudrait l'appliquer à la culture même, et non à la fabrication du
sucre. De cette manière la culture, indépendante de la fabrication du
sucre, serait répartie sur toute la France, et la prime absorbée aux
2/3 par deux arrondissements profiterait à tout le pays. Mais alors
vous verriez ces ardents défenseurs de l'agriculture déserter sa cause
et soutenir que c'est l'industrie qu'il faut protéger.

M. Lestiboudois[2], qui trouve aussi que la production de
80,000,000 de kilogr. de sucre colonial n'intéresse que 7 à 8,000
blancs et quelques négociants des ports, évalue à 356,000 les ouvriers employés aux travaux agricoles et manufacturiers du sucre
indigène;

Et à 1,086,510[3] le nombre des propriétaires, dans cinq départements seulement intéressés à la culture de la betterave.

Les deux arrondissements de Lille et Valenciennes ont, suivant

(1) Page 9.
(2) M. Lestiboudois, page 53.
(3) En admettant que les 5 départements produisent 40,000,000 kilogr.
sucre de betteraves, on aura, au rendement de 6 p. 0/0, employé 670,000,000

lui, le premier 64,186 et le deuxième 51,211 ouvriers intéressés directement à la *sucrerie*.

Pour arriver au résultat spécial de l'industrie du sucre indigène, nous nous contenterons du chiffre précis de

64,186 ouvriers dans l'arrondissement de Lille.

51,211 dans celui de Valenciennes.

occupés directement aux sucreries.

Monsieur le comte d'Argout, dans le lumineux rapport adressé à la Chambre des Pairs le 6 juin 1837, évalue la production du département du Nord à 30,000,000, dont les 2/3, dit-il, sont fournis par les arrondissements de Lille et Valenciennes. Ces 115,397 ouvriers produisent donc 20,000,000 kilogr. de sucre indigène qui valent 16,000,000 fr.; c'est avec ces 16,000,000 fr. que les fabricants de sucre indigène ont pu payer:

115,397 ouvriers à 1 fr. 25 c. par jour, pour 300 jours ouvrables, 375 fr. . . . . 42,273,875 fr.

D'après les bases fournies par M. Dumas,
1,000,000 hectolitres houilles. 1,500,000

Noir et agents chimiques 1,300,000

Intérêts du capital mort à 10 p. 0/0. . . 2,000,000

Intérêts des fonds de roulements. . . . 600,000

Frais généraux. 1,500,000

——————

49,173,875

Dont il faut déduire :

Pulpe, estimée par M. Dumas, à 4,000 fr. pour 100,000 kilogr. . . . . 800,000.

Mélasses, 8,000 f. pour 100,000 kil. 1,600,000.

——————

2,400,000   2,400,000

——————

46,773,875

betteraves qui, à 16 fr., font 10,720,000; soit enfin *dix francs* par propriétaire !!

Report. 46,773,875

A quoi il faut ajouter :

L'achat de 340,000,000 kilogr. de betteraves qui,
au rendement de 6 p. 0/0 que nous prouverons
exact, ont fourni les 20 millions kilogr. à 16 fr.
100 kilogr. 5,440,000

52,213,865 fr

Ainsi, les fabricants de sucre indigène, ont pu payer 52,213,875 f.
avec 16,000,000 fr. de produits. C'est le miracle de la multiplication
des pains renouvelé.

Rétablissons encore la vérité sur ce point.

Suivant M. Dumas[1], il faut 7,200 journées pour faire 100,000
kilogr. sucre à 1 fr. 25 c., 9,000 fr.

Pour faire 20,000,000 il faut donc 1,440,000 journées à 1 fr.
25 c., 1,800,000 fr.

***

(1) Compte fourni par M. Dumas :

2,000,000 kilogr. betteraves, à 16 fr.		32,000 fr.
Main d'œuvre, 7,200 journées.	9,000 fr.	
Noir et agents chimiques.	6,500	
Houille (5,000 hect.).	7,500	
Intérêt d'un capital mort de 100,000 fr., à 10 p. 0/0.	10,000	
Id. d'un fonds de roulement de 50,000 fr. à 6 p. 0/0.	3,000	
Frais généraux, éclairage, etc.	7,500	
A déduire : 43,500	43,500	
		75,500
Produit de 50,000 kilogr. mélasse, à 3 fr. les 100 kil.	1,500	
— de 400,000 kilogr. pulpe, à 10 fr. les 1,000 kil.	4,000	
	5,500	5,500
		70,000

Prix revenant de 100,000 kilogr. sucre indigène, au rendement de 5 p. 0/0
70 fr. *Moniteur* du 8 juillet 1837, rapport de M. d'Argout.

Ainsi M. Lestiboudois estime la main-d'œuvre à   42,273,875 fr.

M. Dumas à . . . . 1,800,000 fr.

La différence est un peu forte.

Le prix de revient est bien difficile à établir; il dépend en grande partie du rendement. Dès 1828, MM. Crespel et Blanquet accusèrent à l'enquête un rendement de 5 kilogr. sucre par 100 kilogr. betteraves; en 1836 M. Crespel déclara obtenir 6 p. o/o; à la même époque le Gouvernement apprenait par des agents envoyés *ad hoc* en Allemagne que les fabriques de ce pays obtenaient de 5 3/4 à 6 1/2, et cependant leurs fabriques étaient montées de la manière la plus simple. Les immenses améliorations, les dépenses dont nos adversaires ont fait si grand bruit, tout devait faire présumer que ce taux de 6 p. o/o annoncé dès 1836 par M. Crespel, obtenu en Allemagne, devait être dépassé. Mais, Messieurs, quel a été notre étonnement de voir que ce rendement a diminué au lieu d'augmenter; qu'annoncé de 5 kilogr. en 1828 par M. Blanquet, le président de la commission de Valenciennes, M. Blanquet signe un mémoire où il est dit page 27, que 100 kilogr. betteraves rendent 4 1/4 p. o/o de sucre. Que sont devenues ces améliorations, le fruit de ces dépenses faites pour obtenir de meilleurs résultats ? Nous ne voulons pas nous servir ici des épithètes employées si souvent par nos adversaires; nous dirons seulement que ce qu'ils disent là est pour le besoin de leur cause; que notre conviction est que le rendement est au moins de 6 p. o/o. Partant donc de cette base, en portant la mélasse à 12 fr. (elle a été vendue 16 et 18) au lieu de 3 fr., taux d'évaluation de M. Dumas, nous aurons le prix de revient suivant :

2,000,000 kilogr. betteraves à 16 fr. . . . . 32,000 fr.

Frais et main-d'œuvre. 43,500

A reporter. . . . 75,500 fr.

A déduire :

Produit de 50,000 kilogr. mélasse à 12 fr.
les 100 kilogr. 6,000

6,000

Report. . . . . 75,500 fr.

Report. 6,000

Produit de 400,000 kilogr. de pulpe

à 10 fr. 4,000

10,000   10,000

Coût net de 120,000 kilogr. sucre. 65,500

Soit : 54 60 fr. . . . . . à 6 p. o/o

60 »». . . . . 5 p. 1/2

65 50. . . . . 5 » »

Le prix de revient du sucre indigène dans la fabrique au rendement de 5 1/2 [1] p. o/o des 100 kilogr.

est de. . . . . 60 fr. » c.

En admettant même comme le prétendent les fabricants, une moins-value de 4 fr. relativement au
sucre colonial très contestable. . . . . 4 »

Total. . . . 64 »

Il faut au colon : 1° à bord dans la colonie. . . 50 fr. »

A ajouter :

Assurances. . . . . » fr. 75 c.

Fret à 12 d. par 100 kilogr. . . 11 »

Déchet et coulage 8 p. o/o . . . 4 »

Frais divers. . . . . » 40

16 15   16 15

66 15 c.

franco à l'entrepôt du Havre, qui pour le colon est la fabrique.
Nous ne parlons pas d'escompte ni de tares, ni d'autres frais com-
muns aux deux sucres.

(1) Nous prenons 5 1/2 comme terme moyen malgré notre conviction que le
rendement soit de 6 p. o/o comme l'a avoué du reste M. Crespel lui-même.

C'est un résultat incontestable. Il est facile de juger le sort qui attend le sucre colonial, si on le laissait grevé de 49 fr. 5o c., tandis que le sucre de betteraves ne paie que 16 fr. 5o c.

Un rapprochement non moins remarquable à faire, et sur lequel nous appelons votre attention la plus sérieuse, c'est que, pour faire produire les 20,000,000 kilogr. de sucre dans les deux arrondissements de Lille et Valenciennes, produit de 34o,ooo,ooo de betteraves, qui ont rapporté 5,44o,ooo fr. [1] au cultivateur, le Trésor a perdu 9,99o,ooo fr. Cela paraît incroyable, et c'est littéralement vrai. Ce n'est pas tout ; notre marine a perdu le transport de ces 20,000,000 kilogr., ce qui fait le quart de la production coloniale, nos industries agricoles et manufacturières un débouché pour leurs produits. Est-ce donc une exagération de dire que l'industrie du sucre indigène ainsi privilégiée est un fléau pour tous les autres intérêts du pays ?

Nous nous arrêterons ici, Messieurs ; nous nous sommes attachés aux points principaux, en négligeant les inexactitudes d'un rang secondaire, les déclamations sans but déterminé. Nous n'entamerons pas non plus la discussion de l'émancipation des noirs ; tout le monde comprendra combien elle est à sa place dans la bouche de nos adversaires ; le résultat qu'ils veulent, c'est l'émancipation que donne la misère du maître à l'esclave, c'est la mort ; est-ce là leur philanthropie ?

Que reste-t-il des assertions de nos adversaires ?

Ils avancent que la marine coloniale n'occupe qu'un navire sur 207 :

Nous leur prouvons par documents officiels qu'elle utilise seule, plus de la 1/2 de notre navigation au long cours ;

Qu'elle n'emploie qu'un matelot sur 72 ;

Nous leur prouvons qu'elle emploie le tiers de notre inscription maritime ;

(1) Frais de culture à déduire.

Que notre commerce colonial répond au 7me des années 1827 à 1836 et au 12me de cette dernière année ;

Nous leur prouvons que notre commerce colonial équivaut au 1/5 de la totalité de notre commerce maritime pour 1836 et près du 1/4 pour les autres années ;

Ils avancent que le sucre n'est que le 1/6 de notre commerce colonial ;

Nous leur prouvons qu'il en forme les 3/4 ;

Que la prime de la morue est encore à ajouter aux frais que coûtent les colonies ;

Nous leur prouvons que la prime accordée à la pêche de la morue n'a eu pour but que la création de bons matelots, meilleurs et qui ne coûtent pas à beaucoup près autant que ceux qui proviennent du recrutement par la voie du sort ;

Que notre cabotage a diminué depuis 1833 ;

Nous leur prouvons qu'il a augmenté. Nous leur prouvons, que nos colonies ne peuvent pas remplacer le sucre par des produits équivalents ;

Que notre marine ne trouverait aucune compensation à transporter d'autres denrées que le sucre ;

Que l'exportation directe par navire français est une mesure illusoire pour la marine et fatale aux colonies ;

Que l'exportation par tout navire est la rupture du pact colonial et la ruine définitive de notre marine marchande.

Que l'abaissement du rendement, juste dans une certaine limite, serait une charge pour le Trésor si cette limite était dépassée ; que d'ailleurs cette mesure serait sans résultat important, à cause des primes étrangères ; que les primes, qu'ils prétendent, calomnieusement avoir été partagées entre les colons et les négociants des ports ont profité pour les deux tiers au moins au sucre indigène ;

Que la baisse des prix n'est due qu'aux taux exagéré de leur production ;

Qu'ils doivent payer l'impôt; que le prix de revient du sucre de betteraves est au-dessous de celui des colonies.

Nous leur prouvons enfin que l'industrie du sucre indigène est totalement distincte de la culture;

Que la culture de la betterave n'est utile à l'agriculture qu'autant qu'elle procède par assolements, tandis que l'intérêt du fabricant s'y oppose ;

Que la fabrication du sucre indigène, loin d'être répandue sur toute la France, se concentre de plus en plus dans le Nord;

Qu'il ne peut en être autrement, vu le bas prix du combustible, etc.

Qu'ils exagèrent d'une manière extraordinaire la main-d'œuvre du sucre indigène;

Que leur rendement est au moins de 6 p. o/o, tandis qu'ils accusent 4 1/4 après avoir déjà annoncé 5 en 1828.

Mais, dans ce débat, n'y a-t-il donc d'intéressé que le sucre colonial et le sucre indigène? La perte qui résulte pour le Trésor de la substitution du sucre indigène au sucre colonial n'est-elle pas supportée par tout le monde?

Comment expliquer le privilége du sucre indigène vis-à-vis un autre produit français, lorsqu'on sait combien on a de peine à obtenir une protection de quelques pour cent pour l'industrie du chanvre et du lin, qui donne lieu à une culture de 170,000 hectares [1] et à un mouvement d'affaires de plus de 300,000,000, tandis que l'industrie du sucre indigène n'emploie qu'environ 25,000 hectares, et qu'elle ne peut se maintenir que sur la ruine d'autres industries?

La culture de la vigne rapporte, terme moyen, 40 fr. par hectare environ au Trésor, non compris les droits d'octroi; le sucre indigène vient tarir partie de ses débouchés et lui fait une concurrence redoutable pour les produits alcooliques.

(1) Enquête de M. Odier.

On fait des sacrifices énormes, pour créer une marine, en primes payées aux pêches, en droits d'entrée accordés aux marins français ; on réduit le droit sur le sucre Bourbon uniquement parce qu'il donne lieu à une longue navigation et qu'il concourt par là plus puissamment à la formation de bons marins, principe qui du reste dirige toutes les combinaisons de notre tarif ; on réduit pour le même motif le droit sur le salpêtre de l'Inde, malgré la résistance de prétendus droits acquis et les motifs politiques dont on les entoure ; on crée à grands frais et au grand détriment des intérêts généraux du pays un système colonial, afin d'avoir une navigation au long cours qui nous soit, à l'exemple des Anglais, exclusivement réservée ; la France s'impose, disons-nous, cette multiplicité de sacrifices ; et elle en perd tout le prix, pourquoi ? pour que dans quatre départements de la France, et bientôt dans un ou deux, on fasse du sucre indigène.

Veuillez, Messieurs, donner votre attention la plus sérieuse à ces diverses considérations.

Le tarif des sucres ne reposera sur des bases solides qu'après avoir, non-seulement rétabli l'égalité entre les deux sucres français, mais après avoir, dans l'intérêt du consommateur et de notre marine, réduit la surtaxe des sucres étrangers à un taux convenable. Ce côté de la question a une grande importance ; les sucres étrangers seront là pour empêcher une trop grande élévation qui pourrait résulter, soit d'un manque de récolte, soit de toute autre circonstance. Le sucre est l'aliment principal des chargements dans les colonies étrangères ; si notre navigation au long cours est restée, ou à peu près, stationnaire, c'est qu'elle ne pouvait transporter de sucre ; c'est aussi dans les pays à sucre, comme le Brésil, Cuba, Porto-Rico, l'Inde, que les produits de notre industrie agricole et manufacturière trouveraient d'importants débouchés ; notre puissance maritime en augmenterait ; mais nous ne pouvons employer le sucre qu'à titre onéreux, ce qui décourage les expéditeurs et laisse ce commerce entre des mains étrangères.

Avant peu d'années on sera étonné qu'une question qui compro-
-met un si grand nombre d'intérêts matériels et politiques, qui ne
regarde qu'un intérêt privé et de localité, on sera étonné, disons-
nous, qu'elle ait pu rester si longtemps indécise. Quel contraste avec
ce qui se passe en Angleterre! En Prusse même, pays qui n'a ni colonies, ni marine, qui n'a que ses revenus et son industrie à défendre, que fait-on ? on autorise l'entrée des sucres lumps au même
taux que les bruts, et cela en présence d'une fabrication de sucre de
betteraves importante! Et pourquoi? parce que la Hollande accorde
plusieurs avantages commerciaux à la Prusse, entre autres l'admission
à Java des produits de l'industrie allemande sur le même pied que
ceux de l'industrie nationale. Nous croyons même savoir qu'on va
soumettre le sucre de betteraves au même droit que le sucre exotique.

On ne peut qu'être péniblement affecté lorsqu'on reporte ses
pensées sur le passé; si, au lieu de maintenir l'exagération de notre
système colonial, on eût réduit la surtaxe sur le sucre étranger, il
est très probable que notre mouvement maritime aurait doublé; car
celui qui fait le commerce du sucre fait le commerce des autres
denrées qui ne servent que d'appoints pour les chargements; il serait entré 250 millions de plus dans les caisses du Trésor. Au lieu
de cela, qu'avons-nous? une industrie qui se dit ruinée si on l'impose, une industrie qui n'a rien pu, vous l'avez vu, Messieurs, pour
les quelques départements où elle se trouve forcément concentrée.

C'est donc avec confiance, Messieurs, que nous venons vous prier
de rétablir l'égalité sur les deux sucres français, et en attendant une
législation définitive, un dégrèvement de 20 fr., la réduction à
15 fr. de la surtaxe des sucres étrangers et l'abaissement du rendement sur les sucres étrangers un même taux que sur les sucres
français.

Nous terminons en vous répétant ce que nous avons eu l'honneur de vous dire dans notre mémoire du 2 janvier : Les desti-

nées de nos colonies, de notre commerce maritime sont entre vos mains; le maintien du privilége les détruit, l'égalité des charges ne menace que cette partie de la production indigène que rien au monde ne peut sauver. La question est nettement posée; sans sucre exotique, point de marine marchande; nos grandes pêches seront compromises, nos populations maritimes sans travail, notre marine militaire perdra son importance. C'est à vous à décider si l'équité, si d'aussi graves intérêts, si l'un des principaux éléments de notre force doivent être sacrifiés à une industrie qui ne peut rien pour la postérité, rien pour la puissance du pays.

Nous avons l'honneur d'être avec un profond respect, Messieurs,

Vos très humbles et obéissants serviteurs :

Les délégués du commerce maritime :

MM. B. Lopès Dubec,
Bosc,
Beyssac,   } Bordeaux.
Dupouy aîné,   Dunkerque.
Théroulde,
Le Mengnonnet (Ernest),   } Granville.
Fournier,   Marseille.
Fontan,
Dujardin,
L. Blaise,   } Saint-Malo.
Barrat,
Ryssel,   } Nantes.
Dieusy,
Levavasseur,   } Rouen.

Suite des noms de MM. les délégués.

Quenouille,	Dieppe.
Bonfils,	Cherbourg
Goyetche,	Bayonne.
Delaroche,	
Hermé,	Havre.
J. Clerc,	

Pour copie conforme :

Delaroche, *président.*

J. Clerc, *secrétaire.*

Paris, le 5 juin 1839.

IMPRIMERIE DE E. DUVERGER,
RUE DE VERNEUIL, N° 4.

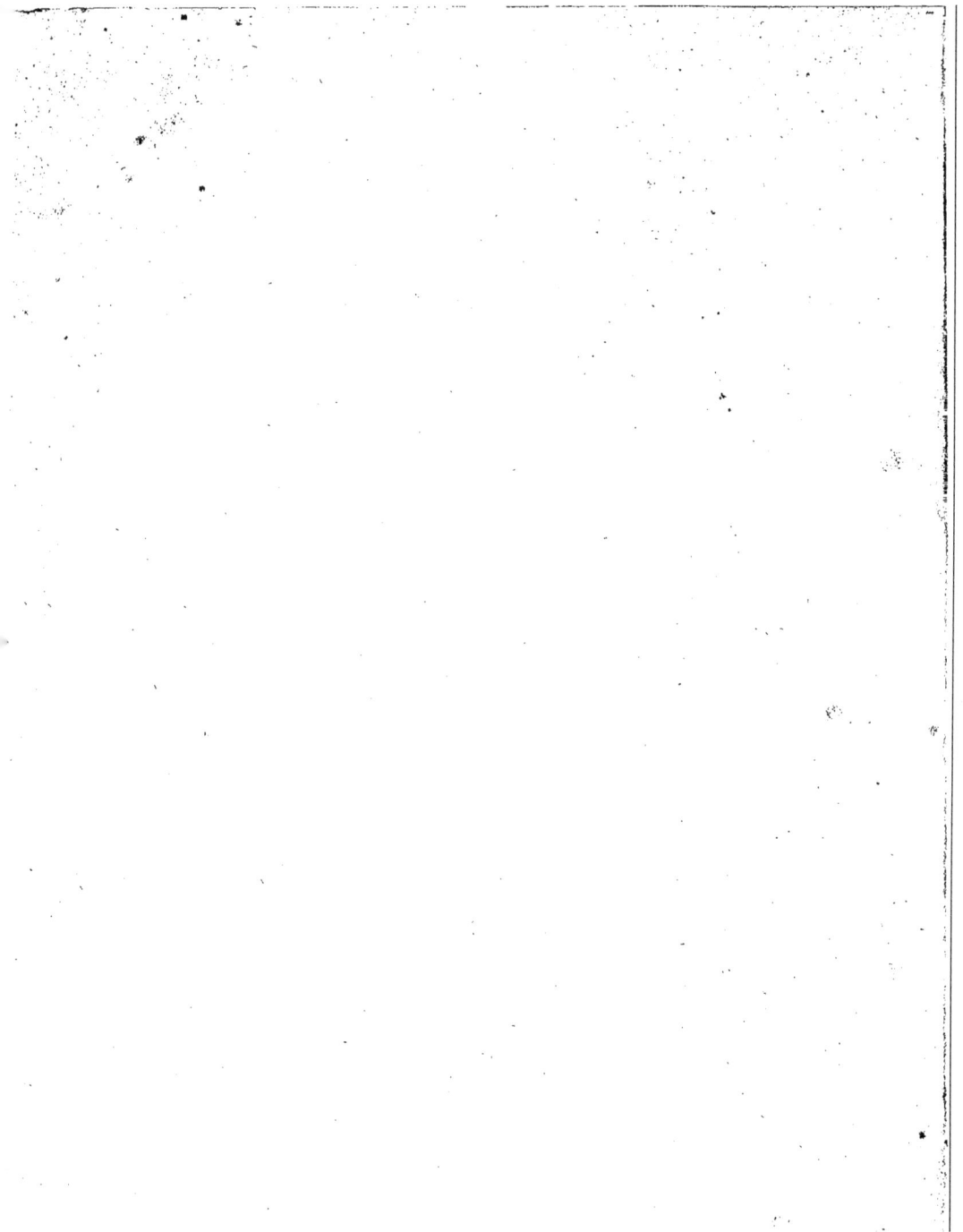